Ernst Scherenberg

Verbannt - Dichtung

Ernst Scherenberg

Verbannt - Dichtung

ISBN/EAN: 9783743649439

Hergestellt in Europa, USA, Kanada, Australien, Japan

Cover: Foto ©ninafisch / pixelio.de

Weitere Bücher finden Sie auf **www.hansebooks.com**

Verbannt.

Dichtung

von

Ernst Scherenberg.

Berlin.
Verlag von Heinrich Schindler.
1861.

I.

Sei stark, mein Weib, und weine nicht!
Gieb Knabe mir die Hand!
O schaut mit klarem Angesicht
Zum letzten Mal zum Strand!

Das Segel schwillt, das Schiff ist schlank,
Und schäumend geht sein Lauf; —
Wenn jene Küste einmal sank,
Steigt sie nie wieder auf!

Der Wind, der von der Heimath stürmt,
Mahnt ächzend: flieh', o flieh'!
Und Welle schon auf Welle thürmt
Sich zwischen uns und sie.

Und tiefer — immer tiefer schwimmt
Das Land in Dämm'rung ein
Schaut hin! — zum letzten Male glimmt
Es auf im Abendschein! — —

Sei stark, mein Weib, und weine nicht!
Gieb Knabe mir die Hand:
Die Küste dort im Abendlicht
Das war dein Vaterland!

II.

Endlose Wasserwüste
Dehnt sich vor meinem Blick;
Ostwärts verschwand die Küste —
Ostwärts starr' ich zurück.

Ich sah die Heimath sinken
Im letzten Abendstrahl;
Mir war's, als säh' ich winken
Die Jugend noch einmal.

Ich sah noch einmal grüßen
Der Hoffnung letzten Traum —
Und Alles dann zerfließen
Spurlos im Wellenschaum.

Und grenzenlose Leere
Durchbebt seitdem die Brust:
Mir ist, als sei im Meere
Versunken jede Lust.

Endlose Wasserwüste
Dehnt sich vor meinem Blick;
Ostwärts verschwand die Küste —
Ostwärts starr' ich zurück.

III.

In des Meers geheimes Dunkel
Schau ich von des Schiffes Bord,
Durch des Mondes bleich' Gefunkel
Wandert Wog' auf Woge fort.

Und ich hör' ihr ewig Schäumen,
Well' auf Welle seh' ich zieh'n —
Und mich faßt ein seltsam Träumen,
Näh' und Ferne fühl' ich flieh'n:

Und mir ist, ich hör' die Lieder,
Die ich sang im Elternhaus —
Und mir ist, ich schreite wieder
Jubelnd in die Welt hinaus.

IV.

Wie frei im Winde flattert
Des Jünglings Lockenhaar!
Kein Wahn! das bin ich wieder,
Wie ich vor Jahren war:

Durch's Thal hin, über Berge
Fliegt hoffnungsvoll mein Fuß;
Der Mund jauchzt in die Lüfte
Des jungen Herzens Gruß. —

Doch dann, — wie schwindet plötzlich
Des Jünglings Wanderlust?
Und statt der lauten Lieder
Klagt Sehnsucht in der Brust.

Müd' wird sein Fuß und müder —
Da lenkt er heimathwärts
Und wirft sich, weltvergessen,
An eines Weibes Herz.

V.

Den trauten Frieden doch genoß ich kaum,
Da schritt ein andres Weib durch meinen Traum;
Gramvoll gebeugt, mit Ketten an der Hand
Klagt' es im Groll: „Sieh hier dein Vaterland!

„Von Schergen streng gefesselt und bewacht,
„Sprech' ich zu meinen Kindern nur bei Nacht
„Mit bangen Bitten oder wildem Hohn:
„Bist du kein Knecht, so folge mir, o Sohn!" —

So schritt dies Weib durch meiner Nächte Traum;
Mich trieb die Scham empor vom weichen Flaum
Und ruh'los wieder schweift' ich durch's Gefild,
Zu retten das gestürzte Götterbild.

Wohl lockte mich mein Weib mit sanftem Wort —
Mich aber litt es nicht im stillen Port;
Vor meinem Ohre klang nur noch der Hohn:
„Bist du kein Knecht, so folge mir, o Sohn!"

VI.

So folgt' ich mit Genossen denn der Bahn;
Und endlich, endlich brach der Morgen an!:
Die Unterdrücker und die Schergen floh'n,
Das freie Vaterland stieg auf den Thron.

Das war ein Tag, wie man ihn nie gekannt:
Die Herzen all' umschlang ein einig Band!
Ein Jubelruf erscholl in Deutschlands Gau'n! —
Denk' ich daran — noch heut' die Wimpern thau'n.

VII.

Noch feierte das Volk die heil'ge That; —
Da scholl auf einmal durch die Reih'n: „Verrath!"
Der Fürsten Söldner stürmten auf uns nieder —
Und wehrlos fielen neben uns die Brüder.

Ein Wuthschrei zuckte durch das ganze Land;
Da griff zur Waffe zornig jede Hand;
Wild lohten auf in meiner Brust die Flammen —
Und mit den Freunden stritt auch ich zusammen!

Umsonst war unsres Häufleins treue Wacht;
Im Kampf erlagen wir der Uebermacht;
Ich sah die Freunde unter'n Rasen betten —
Mich und das Vaterland sah ich in Ketten.

VIII.

„Du strittest wider königlich Gebot
„In offnem Kampf — darum trifft dich der Tod!" —
Den Richter hör' ich stumm mein Urtheil sprechen
Und seh' den Stab ob meinem Haupt zerbrechen.

Ich lächle; denn was gilt mir noch der Tod,
Seitdem mein Vaterland in Schmach und Noth;
Viel besser: ehrenvoll, ein Mann, zu sterben! —
Als leiblich leben — und am Geist verderben!

IX.

So sann ich dumpf in meines Kerkers Raum —
Da winkt' ein bleiches Antlitz mir im Traum;
Ich fahr' empor: — Mein Weib! — mein armes Kind! —
Wie darf ich sterben? — Gott! war ich denn blind?

Verzweifelt spring' ich von des Lagers Stroh; —
Mein Wächter fühlte menschlich — und ich floh! —
Floh meine Heimath, floh mein Vaterland —
Und schwank' auf off'nem Meere nun — verbannt!

X.

In des Meers geheimes Dunkel
Starr' ich von des Schiffes Bord;
Längst erstarb des Mondes Gefunkel,
Doch die Woge wandert fort.

Auch der Traum verschollner Tage
Mit dem Zauberschein entschwand,
Und ich hör' im Wellenschlage
Nur den Fluch: verbannt! — verbannt!

XI.

Um meine Schläfe fährt's so lind,
Wie sanfte Freundeshand:
Ja, ja! das ist der Morgenwind!
Er grüßt vom Vaterland!

Die bange Nacht, die mich umfing,
Entflieht mit raschem Lauf: —
Dort wo die Heimath unterging,
Dort steigt die Sonne auf!

XII.

Dort wo die Heimath unterging,
Dort steigt die Sonne auf —
Zerbrich der Schlaffheit Kettenring
Und folge ihrem Lauf!

Im Vaterland begann dein Schritt,
Du stürmtest himmelan;
Da stand dein Leben im Zenith —
Nun senkt sich still die Bahn.

Sieh hin! — die Sonne steigt und steigt
Empor am Himmelskreis —
Was klagst du? — auch die Sonne neigt
Sich dann nach Westen leis. —

O Wandlerin im Luftgefild,
Zerstreu' des Trübsinns Wahn!
Sei du mein leuchtend Trostgebild —
Dir nach geht meine Bahn!

XIII.

O blicke nicht nach Morgen
Mit düstrer Stirn zurück!
Versenk' nun auch dein Sorgen —
Versank ja doch dein Glück!

O sieh! — im Abend webt sich
So dicht der Nebelflor —
O sieh! — im Abend hebt sich
Ein neues Land empor!

Bald fällt die Ankerkette
Am Ziele deiner Bahn —
Fang' auch an neuer Stätte
Ein neues Leben an!

Im Morgen starb dein Frieden,
Schau nicht nach Morgen zu! —
Der Abend geb' dir Müden
— Wenn auch kein Glück — doch Ruh'!

XIV.

Der Anker klirrt, die Landungsbrücke fällt;
Wie zaghaft bebt beim ersten Schritt der Fuß;
Verworren starrt uns an die neue Welt,
Kein Willkomm hallt entgegen uns, kein Gruß.

Die Menge um uns aber jauchzt und drängt;
In fremder Zunge tönt der Jubellaut:
Dort wird der Freund dem Freunde neu geschenkt —
Dort stürzt in des Geliebten Arm die Braut —

An seiner Mutter Halse schluchzt der Sohn —
Wen Niemand sonst, grüßt heimisch Sonnenlicht; —
Nur uns berührt der Jubel rings wie Hohn,
Und düster starr'n wir uns ins Angesicht.

Und was so lang betäubt des Meeres Fluth,
Nun bricht es wild hervor im Menschenschwarm;
Unnennbar Heimweh beugt den dumpfen Muth:
O Gott! wie sind wir Heimathlosen arm!

XV.

Komm her, mein Weib! — hierher, mein einzig Kind!
An meinem Herzen, o, verweint den Harm!
Ob wir auch fern der alten Heimath sind —
Bald baut ein neu Daheim der Liebe Arm!

Durch mich seid ihr des Vaterlands beraubt! —
O schweigt, daß mich der Schmerz nicht übermannt!
O schweigt und hebt vertrauend euer Haupt:
Mein Herz sei fortan euer Vaterland!

XVI.

Gleich unsern Wangen will der Tag erblassen;
Die Sonne senkt ihr Antlitz traumumflort;
Schon wird es öd' und öder in den Gassen, —
Todmüde wandern wir allein noch fort:
Wer wird den Heimathlosen Obdach geben,
Die nichts gerettet, als das nackte Leben?

Vergeblich pochten wir an Thür und Pforte,
Es hat uns Niemand gastlich aufgethan;
Verschwendet waren alle unsre Worte; —
Hier herrscht der Selbstsucht mitleidloser Wahn!
Man sah's uns an, wir hatten nichts zu geben —
Als nur dies fluchbelad'ne, nackte Leben!

„Der Hände Arbeit soll es euch vergelten!
„Nur eine Nacht, nur wenig Stunden Ruh'!"
Halb nur verstand man uns — und unter Schelten
Voll Argwohn schloß sich jede Pforte zu. —
Kaum vorwärts nun trägt uns der Fuß mit Beben,
Und trägt doch nichts — als nur das nackte Leben!

XVII.

So kommt! — wenn uns die Menschen auch verstießen,
Natur nimmt uns in ihren Mutterschooß;
Sie wird des Waldes Hallen uns erschließen
Und betten wird sie uns auf schwellend Moos.

Den Sternenmantel wird sie schützend breiten,
Und rauschen wird sein Schlummerlied der Baum;
Verschollne Tage werden niederschreiten —
Und grüßen wird die Heimath uns im Traum.

XVIII.

Schon sank mit ihrer Häuser dunkeln Massen
Die Stadt in Nebel, Dämmerung und Rauch;
Weit hinter uns liegt nun der Menschen Hassen,
Und uns entgegen weht's wie Waldeshauch.

Da, horch! von jenem mondbeglänzten Hügel
Was scholl auf einmal für ein Zauberlaut?
Es schwebt um uns auf leisem Windesflügel
Ein seltsam Klingen, wunderbar vertraut.

Wie trifft der wehmuthsüße Ton so eigen
Nun unser dumpfes, fluchgewohntes Ohr?
Der Kindheit alte Märchenwunder steigen
Aus banger Jahre düstrem Schlaf empor.

Wie sich die Klänge in die Seele schleichen —
Wie es den müden Fuß zur Eile ruft —
Sind's Stimmen denn aus jenen Geisterreichen?
Wehn Himmelsänge nieder aus der Luft? —

Doch nein! — von Lippen tönt, von lebensvollen,
Die Weise, die uns rettend vorwärts zieht, —
Der Zauber sinkt und Dankesthränen rollen
Beim Jubellaut: — „O Gott, ein deutsches Lied!"

XIX.

„Gott grüß' euch!" jauchzen wir dem Kreis entgegen,
Der dort vor seiner Hütte sitzt und singt, —
„Grüß' Gott! was führt euch her auf nächt'gen Wegen?"
Tönt's, während uns die deutsche Schaar umringt.

Dann rasche Fragen, freudenvoll Erstaunen;
Wir künden dieser letzten Stunden Noth; —
Still ward's; nur leise Worte hört' man raunen —
Bis Jeder schweigend seine Rechte bot.

XX.

Man sorgt für Obdach, bringt uns Trank und Speise;
Dann endlich zögernd spricht der Wirth, der greise:
"Vor Jahren lag auf unserm armen Land
"Eisern und drückend eines Herrschers Hand.

"Und über uns hat man den Stab gebrochen,
"Weil wir ein freies Manneswort gesprochen, —
"Verwiesen hat man uns, hat uns verbannt; —
"Doch sprecht, warum flieht ihr das Vaterland?

"Jüngst über's Meer flog doch die Jubelkunde,
"Gekommen sei der Freiheit Morgenstunde? —
"Ihr lächelt bitter; — so war's wieder Trug? —
"O schweigt! — denn euer Schweigen sagt genug!"

XXI.

Wenn Söhne and'rer Lande
Sich sammeln im Verein,
Sei's ernst zu festem Bande,
Sei's froh zum Becher Wein, —

Und dann aus einem Munde
Das Lob der Heimath schallt;
Wie donnernd durch die Runde
Gleich lauter Jubel hallt;

Wie da die Blicke flammen,
Wie hoch die Brust sich spannt:
„Heil dir, von dem wir stammen,
„Du stolzes Vaterland!" — —

Doch weh! — in unserm Kreise
— O Heimath, welche Schmach! —
Wird's still — wenn Einer leise
Nur deinen Namen sprach.

XXII.

Durch tausend stille Bande knüpft
Die Freundschaft Brust an Brust,
Durch tausend Weg' und Pforten schlüpft
Die Neigung unbewußt.

Der gleichen Jugend Zauberschein
Weiht hier den Freundschaftsbund,
Dort löst sich bei Gesang und Wein
Der Bann von Herz und Mund.

Man wandert freudig Hand in Hand
Nach gleichem, lichtem Ziel;
Schon schlang sich oft ein ernstes Band
Zuerst bei frohem Spiel.

Doch schneller noch als Spiel und Lust,
Als Wein und Jugendzeit —
Zieht Herz zum Herzen, Brust zur Brust
Im Unglück gleiches Leid.

XXIII.

Der Muttersprache süßer Zauberlaut
Hat des Vertrauens Brücke rasch erbaut:
Die Nacht schon fand uns unter Freundesdache,
Und deutsche Treu' hielt über uns die Wache.

Am Morgen grüßt uns der Genossen Kreis,
Und aus der Mitte tritt zu uns der Greis:
„Ihr seht," so hebt er freundlich an zu sprechen,
„Gerüstet uns, zur Wandrung aufzubrechen.

„Durch Jahre lebten wir an diesem Ort,
„Doch treibt die Noth uns endlich dennoch fort;
„Die Stadt umschließt uns enger stets und enger,
„Und unsre Zahl ernährt die Flur nicht länger.

„Drum wollen wir gen Süden weiter zieh'n,
„Dem Markt des fremden Volkes zu entflieh'n;
„Fern dehnen sich noch unermeſſ'ne Wälder,
„Des Pfluges harr'n die ſegensreichſten Felder.

„In jenes Südens ewig grünen Au'n
„Dort werden wir die neue Heimath bau'n; —
„Wollt ihr uns folgen? — wollt ihr mit uns wandern?
„Schlagt ein! — ich biet' die Hand euch mit den Andern!"

XXIV.

Wohlan, ich schlag' in eure Rechte ein!
Und wie ein Schwur mag dieser Handschlag sein:
Mit Gut und Blut laßt uns zusammen halten,
Daß wir uns nie wie in der Heimath spalten!

Doch noch zu anderm Schwur erhebt die Hand:
Treu bleiben wollen wir dem Vaterland!
Weil wir's geliebt, drum hat man uns vertrieben!
Weil man uns haßt, woll'n wir nur heißer lieben!

So wahren wir in unsrer Brust die Glut,
Schau'n hoffend ostwärts über jene Fluth;
Steh'n für des Vaterlandes heil'ge Sache
Als Vorhut treu auf fernstem Posten Wache!

Und ob versprengt — wir halten muthig doch
In unsrer Hand der Heimath Fahne hoch! —
So kommt! — und in des tiefsten Urwalds Mitte
Blüh' deutsches Lied und deutsche Zucht und Sitte! —

XXV.

Schon Mond' um Monde vorwärts zieht
Die heimathlose Schaar,
Und heiß und immer heißer glüht
Die Sonne unser Haar.

Mein Weib, mein Kind an meiner Hand!
Nur heute harrt noch aus!
Schon winkt von fern das neue Land,
Dort bau'n wir unser Haus!

Durch welche Weiten trug uns schon
Der ruhelose Fuß!
Bald schauten wir vom Felsenthron,
Bald wiegte uns ein Fluß;

Durch Tannenwälder schritten wir, —
Durch Thäler, reich umlaubt;
Nun aber hebt schon da und hier
Die Palme stolz ihr Haupt. —

Meist wandert schweigend durch den Raum
Die Schaar — nur dann und wann
Stimmt einer von uns wie im Traum
Der Heimath Weisen an.

Wie dann des Südens Vögel flieh'n —
Wie lauscht verstummt der Wald —
Wenn laut, indeß wir weiter zieh'n,
Ein deutsches Lied erschallt.

XXVI.

Von blauen Bergen überall umschlossen,
Wie liegt die Flur im Abendschein so still;
Mit leisem Flüstern kommt der Bach geflossen,
Die Palme rauscht uns zu: ihr seid am Ziel!

Wir sind's und legen unter stillem Danken
Zur Erde nieder unsern Wanderstab;
Und wie die Stäbe aus den Händen sanken,
Sinkt auch der müde Leib ins Moos hinab.

So laßt uns ruh'n die nächtlich kurze Weile,
Von Palmen weh' auf uns herab ein Traum;
Doch morgen greifen rüstig wir zum Beile,
Und krachend fällt bei unserm Schlag der Baum.

Dann fügen Stamm auf Stamm die fleiß'gen Hände,
Aus Palmen wird sich Hütt' an Hütte reih'n —
Du, Baum des Friedens, bildest ihre Wände:
Mög' Frieden auch in ihren Räumen sein!

XXVII.

Laut durch den Wald tönt unsrer Aexte Schallen.
Noch hebst du himmelhoch dein Haupt, o Baum, —
Im nächsten Augenblicke wirst du fallen,
Du träumst zum letzten Mal den Frühlingstraum.

Du bebst, du wankst zu Boden nun zersplittert —
Und Wolken Staubes wirbeln in die Höh' —
Weshalb mich's nur so wunderbar erschüttert,
Daß ich, du stolzer Stamm, dich fallen seh'?

Den Schaft der Axt, die dich gefällt, umschlossen,
Sinkt kraftlos plötzlich nieder meine Hand,
Und auf das rüst'ge Schaffen der Genossen
Blick' ich mit düstrem Auge unverwandt:

Sie trennen Zweig von Zweig und Ast von Aste! —
Und wenn zu neuem Schlag ein Arm sich hebt,
Fühl' ich, wie in dem Krampf, der mich erfaßte,
Mein Herz erbangend tief im Busen bebt.

Und mühsam wie ein Träumer, der erwachte,
Führ' sinnend ich an meine Stirn die Hand —
Da plötzlich wird mir's klar, woran ich dachte: —
So sinkst auch du dahin, mein Vaterland!

XXIII.

Mühselig führ' den Pflug ich durch die Schollen;
Von ungewohnter Arbeit brennt die Hand;
Wer hätte je dies Loos mir künden wollen,
Der mich dereinst daheim im Glück gekannt?

Und doch — war denn so anders dort mein Mühen?
War nicht der Kiel der Feder auch ein Pflug,
Mit dem ich unter geist'gem Funkensprühen
Die Herzen aufgerüttelt aus dem Trug?

O heilig Thun! da wir die Gluthgedanken
Als Saamen drauf in jede Brust gestreut!
Und als zum ersten Mal die dumpfen Schranken
Der Keim durchbrach — o hoffnungsreiche Zeit!

Wie golden rings der Freiheit Saaten waren! —
Wehe den Schnittern! weh' der blut'gen Mahd!
Als plötzlich dann mit ihren Söldnerschaaren
Die Tyrannei die blüh'nde Flur zertrat!

XXIX.

Segnend heben wir die Hände, —
Segen spricht der Lippe Hauch:
Gieb, o Flur, des Segens Spende
Einst den Heimathlosen auch! —

Schon erheben rings im Kreise
Traulich unfre Hütten sich,
Und schon schnitt die tiefen Gleise
Unser deutscher Pflug in dich;

Aber ehe wir den Saamen
Nun in deine Furchen streu'n,
Nach dem Brauch der Väter kamen
Wir zuvor das Land zu weih'n.

Und so heben wir die Hände, —
Segen spricht der Lippe Hauch:
Gieb, o Flur, des Segens Spende
Einst den Heimathlosen auch!

XXX.

Des Südens heiße Sonne ist versunken;
Laß uns, mein Weib, noch vor der Hütte säumen!
Vom Duft des Abends weich und wehmuthtrunken,
Zurück zur Heimath will das Herz sich träumen.
Trostreicher Wahn! o süß doch thöricht Meinen!:
Mich rührt dies Abendweh'n wie Heimathhauch;
Die Berge golden auf uns niederscheinen —
So schienen sie ja in der Heimath auch!
Und wie einst dort, spielt unten unser Knabe —
Horch! — eben tönt sein Jauchzen zu uns her!
Blick weiter: üppig hebt sich unsre Habe
In Halmen, die von deutschem Korne schwer;
Und Deutsche wohnen dort im Hüttenkreise,
Von dem der Rauch still in die Lüfte wallt,
Und deutsches Lied ist es und deutsche Weise,
Die feierlich zu uns herüber schallt;

Rings Alles deutsch! — und fremd wär't ihr, o Gipfel? —
Nein, ich begrüß' euch laut als Heimathhöhen! —
Wie Antwort flüstert's durch der Bäume Wipfel; —
Vom Hügel nieder geht das Abendwehen;
O still! — laß uns mit durst'gem Ohre lauschen: —
Ja, ja! das sind die wundermächt'gen Psalmen,
Die durch der Heimath Eichenwälder rauschen!
— Da blick' ich auf: — o Gott, es sind nur Palmen! —

XXXI.

Hundert und aber hundert Mal
Sah'n ostwärts wir voll Gram;
Sah'n, in der Brust des Heimwehs Qual,
Wie Sonn' auf Sonne kam.

Hundert und aber hundert Mal
Stieg sie voll Glanz empor,
Stand sengend über unserm Thal,
Bis sie sich still verlor.

Doch ach, der Tag, auf den wir bau'n,
Der Gnade Tag kam nicht!
Mocht' auch der Himmel östlich grau'n —
Uns brachte er kein Licht!

Nie trug des Morgenwindes Weh'n
Ein Trostwort zu uns her! —
Soll'n wir dich niemals wiederseh'n,
O Heimath über'm Meer?

Hundert und aber hundert Mal
Stieg Sonn' um Sonn' empor! —
Wann bricht der Freiheit Morgenstrahl
Durch unsern Nebelflor?

XXXII.

Mit keinem Worte würd' ich klagen,
Säh' dich, mein Weib, ich kräftig steh'n, —
Doch das vermag ich nicht zu tragen,
Muß ich dich heimlich leiden seh'n;

Muß ich es seh'n, wie deine Wange
Allmälig mehr und mehr erbleicht,
Und wie des Kummers stille Schlange
Vergiftend durch dein Leben schleicht.

O daß aus deinem Heiligthume
Ich dich ins laute Leben stieß! —
Nun welkst du hin wie eine Blume,
Die man aus ihrer Zone riß.

Dich hat umtobt des Kampfs Gewimmel,
Dich hat umbraust des Meeres Fluth' —
Nun schickt des fremden Welttheils Himmel
Achtlos auf dich herab die Glut:

Fern deiner Schwestern stillem Kreise,
Fern deiner Heimath, wo du standst,
Wie eine Blume welkst du leise —
Wehe der Hand, die dich verpflanzt!

XXXIII.

Ein Berg erhebt nicht fern von uns den Gipfel;
Von dort sieht man die Oede rings umher:
Thal hinter Thal — und Wipfel hinter Wipfel —
Ganz fern im Ost nur blitzt ein Streif — das Meer.

Kehrt' ich vom Felde Abends heim zum Mahle,
Die Seele müde, sterbensmatt der Leib, —
Wie oft schon sucht' ich voller Angst im Thale,
Allein vergeblich stets, mein armes Weib.

Dann fand ich wohl, an einem Stamme lehnend,
Sie endlich still auf jenem Gipfel stehn —
Gen Morgen sah ich sie, die Wimper thränend,
Mit müdem Auge in die Ferne spähn.

XXXIV.

Halt ein! — Wahnsinn spricht wirr aus deinem Munde!
Du sagst, du kämst fern von der Meeresstadt
Und brächtest uns der Heimath Gnadenkunde?
Und jubelnd hebst du in der Hand ein Blatt? —

Der Hoffnung fluch' ich längst, die stets gelogen,
O wie du nun, ihr Bote, lockend sprichst! —
Doch wisse! — wenn auch du dies Herz betrogen
Daß du des Glaubens letzten Anker brichst!

Still aber stehst du, und der Freude Klarheit
Strahlt leuchtend mich aus deinem Auge an —
Verzeih, verzeih den Zweifel an der Wahrheit!
Dem Himmel Dank! — nein, nein, so blickt kein Wahn!

Herbei, mein Weib! — mein Kind! — ihr Leidgenossen!
Ihr Alle, schaart euch jubelnd um uns her! —
Heut' fiel der Fluch, der uns so lang umschlossen: —
Mit off'nem Arm winkt Deutschland übers Meer!

XXXV.

Vergiß, o Freund, wie rauh ich erst gewesen!
Nun aber gieb, o gieb mir selbst das Blatt,
Damit es meine trunknen Blicke lesen! —
Du dürstend Auge mein — nun sieh dich satt!

O Gnade, Gnade, schönstes Recht der Fürsten . . . . .
Doch wie — schreckt mich ein höllisch Truggebild?
Hier unten — weh! nun Auge laß dein Dürsten!
Betrognes Herz, was pochst du noch so wild?

Hier unten — Lippe, laß dein schwächlich Beben! —
Was starrt ihr Freunde mich erschrocken an?
Nein, fürchtet nichts! — euch bleibt, was euch gegeben!
Was dieser Mann euch sagte, war kein Wahn!

Ihr Alle, Alle habt genug gelitten! —
Ihr hobt ja niemals kämpfend eure Hand! —
Nur ich! — hier les't: „wer wider uns gestritten
Frevelnd mit offner Waffe — bleibt verbannt!"

XXXVI.

Mein armes Weib, o weine laut und klage! —
Nur diese furchtbar stummen Blicke nicht!
Neige dein Haupt, auf daß ich mit dir trage,
Was dir allein der Seele Kraft zerbricht! —

Du aber starrst, dein müdes Aug' weit offen,
So fremd und kalt, als ob du nichts gehört —
Weh mir! — der letzte Schlag, der uns getroffen,
Hat deines Geistes klaren Bau zerstört!

Du winkst, vorbei den nun verlaßnen Hütten,
Zum Berg empor gebietend mit der Hand —
Ich folge bebend deinen hast'gen Schritten,
Vom Zauber deines wirren Blick's gebannt;

Und athemlos, erst auf des Berges Gipfel
Hältst du vom fieberhaften Laufe still;
Dein Blick irrt suchend ostwärts durch die Wipfel,
Obschon dein Fuß dich kaum noch tragen will.

Was mag auf einmal nun dein Auge halten? —
Ich wußt' es wohl: — ja, ja! das ist die Schaar!
Das sind die fern verschwindenden Gestalten
Derer, die mit uns litten Jahr um Jahr!

Ein Augenblick — verdeckt sind sie vom Thale —
Ach, ihnen winkt der Heimath Lieb' und Glück! —
Doch uns? — Hilf Gott! — da sinkst mit einem Male
Du mir erbleichend in den Arm zurück!

Dann streckst du mühsam noch zu letztem Winken
Zitternd gen Osten deine schwache Hand —
Die Lippe bebt, indeß die Augen sinken:
„Ade, ade! — grüßt mir mein Vaterland!" —

XXXVII.

So ist's erfüllt, so ist's geschehen,
Wovon so bang die Ahnung sprach! —
Vorüber ist des Sturmes Wehen,
Der dich, du welke Blume, brach.

Wie liegst du nun so stumm im Moose,
Erbarmungslos vom Herbst geknickt! —
Du warst die letzte, bleiche Rose,
Die meines Lebens Pfad geschmückt! —

O daß an des Verfluchten Spuren
Du jemals deine Schritte band'st! —
In der Verbannung öden Fluren
Wie du verlassen, hilflos stand'st!

Nur Eins hielt dich in deinen Leiden:
Der Blick der Hoffnung heimathwärts! —
Du sahst den letzten Schimmer scheiden —
Und still verblutend brach dein Herz.

Mag nun der Freiheit Tag erstehen,
Dich küßt sein lichter Strahl nicht wach! —
Vorüber ist des Sturmes Wehen,
Der dich, du welke Blume, brach.

XXXVIII.

Wo dich des Todes Pfeile trafen,
Hier auf der Höhe magst du ruhn;
Zum letzten, unentweihten Schlafen
Bereit' ich dir die Stätte nun.

Hier hebe sich dein Grabeshügel,
Vom ersten Sonnenstrahl geküßt,
Und von des Morgenwindes Flügel,
Der von der Heimath kommt, gegrüßt. —

Hier hast du mit des Heimwehs Beben
Gen Osten weinend oft gesehn —
Hier magst du aus dem wirren Leben
In deine ew'ge Heimath gehn.

Hier lehnte oft dein Haupt voll Kummer
Sich müde träumend an den Baum —
Hier schlafe deinen letzten Schlummer,
Hier träume deinen letzten Traum.

XXXIX.

Seitdem mein Fuß durch's Leben schreitet,
Fiel dieser Fluch von mir nicht ab:
Dem eig'nen Glücke stets bereitet'
Ich durch mein Handeln selbst das Grab.

Ich hab' mein Hoffen, meine Freude,
Verblendet und von Wahn bethört,
Hab' meiner Zukunft Traumgebäude
Unwissend selber stets zerstört. —

Heut' endlich muß der Zauber enden,
Den ich so lang getragen hab': —
Zitternd mit meinen eig'nen Händen
Grab' ich dem letzten Glück das Grab!

XL.

Mein armer Knabe, komm und laß dein Weinen;
Noch einmal knie' vor deine Mutter hin,
Nimm ihre kalten Hände in die deinen —
Und grabe tief dies Bild in deinen Sinn!

Schon einmal war es, daß an meiner Seite
Dein Blick ein letztes Bildniß in sich trank:
Damals als still in nebelhafter Weite
Dein Vaterland erglühend untersank.

Weh' dir! und heut' zu jenem ersten Bilde,
Zur Heimathküste fern im Abendlicht —
Fügst du dies marmorbleiche, schmerzensmilde,
Fügst du der Mutter stummes Angesicht. —

Zu früh, zu früh zerreißen grell die Flammen
Des Unglücks dir der Kindheit Dämmerflor!
Der Jugend bestes Glück — dir brach's zusammen,
Der Mutterlieb' und Mutterland verlor!

XLI.

Durch Fluß und Thal, durch dorniges Gefilde,
Dorthin, wo schroff das Urgebirge ragt —
Unstät durch's Dickicht jag' ich nach dem Wilde,
Indeß mich selber die Erinn'rung jagt.

O wie so anders floß der Strom der Tage,
Da noch sein Bett von Liebe eingehegt;
Wie hab' ich gläubig nach des Lebens Plage
Dies Haupt, mein Weib, an deine Brust gelegt.

Irrt' ich gleich fremd, auf dornenvollen Wegen:
An deinem Herzen war mein Vaterland!
So lang du lebtest, lebte mir der Segen! —
Du starbst — und o! — nun bin ich erst verbannt!

XLII.

Man sprach mir zu: „Wir wollen dir vergeben,
„Nur mußt du reuevoll um Gnade flehn!" —
Armsel'ge Thoren! nimmer möcht' ich leben,
Dürft' ich nicht stolz auf das Vergang'ne sehn!

Wofür ich stritt, das sollt' ich widerrufen? —
Ich stritt für nichts, als unser gutes Recht!
Doch trat ich fordernd vor des Thrones Stufen
Und war doch nichts, als nur ein niedrer Knecht!

Das war mein Frevel! — und um ihn zu rächen,
Verdammte mich ein fürstliches Gericht! —
Mag stückweis auch mein stolzes Herz zerbrechen —
Um Fürstengnade — hört es — fleh' ich nicht!

XLIII.

Die Tage, Monde und die Jahre schwinden —
Und öd' und öder wird der Zukunft Grau;
Nie mehr zurück zur Heimath werd' ich finden —
Auf's müde Haupt sank kühl des Herbstes Thau.

Bald wird des Winters Flocke niederschweben;
Sei's drum! — schon blüht ein neuer Lenz empor:
Ja, doppelt herrlich seh' ich sich erheben
In dir, mein Sohn, die Kraft, die ich verlor!

Wie freudig dich die wilden Rosse tragen!
Wie trifft die Kugel! und wie sauft dein Schwert!
Du ragst hoch wie ein Held in jenen Sagen
Aus Deutschlands Vorzeit, die ich dich gelehrt.

Und doch — wenn ich dir stolz die Rechte reiche
Und fühl' den Druck der treuen deutschen Hand —
Durchzuckt mich's trüb': — Was sollst du, junge Eiche,
Schlägst du die Wurzeln nicht im Vaterland?

XLIV.

Ich habe bang und schwer mit mir gerungen;
Hart ist die Tugend, die ich üben muß;
Doch endlich ist mein selbstisch Herz bezwungen,
Und fest und eisern steht nun mein Entschluß.

An meine Seite komm, mein Sohn, und höre
Des Vaters Wunsch — und widersprich mir nicht,
Daß mich kein kindisch Wort von dir bethöre —
So, wende ostwärts nun dein Angesicht.

Du weißt, von dort herüber drang die Kunde,
Von Feinden sei das Vaterland bedräut —
Vielleicht, daß jauchzend schon in dieser Stunde
Die Jugend ihre Brust dem Tode beut!

71

Wär' ich nicht alt — zum Kampfe würd' ich eilen,
Sei ich auch gleich geächtet und verbannt! —
Doch du bist jung — und möchtest feige weilen? —
Nein, nein, mein Sohn! — zieh hin ins Vaterland!

Auch ohne Hülfe schlepp' ich meine Tage
Wohl leidlich noch zum Rand des Grabes hin —
Schweig, Knabe, schweig! — und handle, wie ich sage! —
Ich weiß, was ich der Heimath schuldig bin!

XLV.

Er ging. — Schamhaft bekämpfte er sein Weinen,
Da er zum letzten Male rückwärts sah —
Auch ich wollt' stärker, als ich war, erscheinen:
Und aufrecht stand ich und gelassen da.

Wie ich als Mann geboten, also that er:
Wo aber blieb die Kraft, seit er verschwand? —
Ein kranker Greis, ein arm verlaßner Vater,
Drück' ich mein Haupt laut schluchzend in den Sand.

XLVI.

Doch noch dereinst ins Vaterland zu gehen,
Nur um zu sterben — war mein letzter Wahn;
Seit ich mich heut' im Geiste dort gesehen,
Hab' ich auch diese Sehnsucht abgethan.

Wohl — als zuerst empor die Küste tauchte —
Sank ich voll Inbrunst weinend auf die Knie';
Der Wind, der weich mein Angesicht umhauchte,
Sang noch die alte, süße Melodie.

Doch als durchs Land ich zog mit zagen Schritten: —
Der Kindheit Plätze fand ich, ach, nicht mehr!
Ich pochte bang an meiner Freunde Hütten —
Doch grauenvoll öde waren sie und leer!

Da schrie mein Herz in qualenvoller Spannung —
Kaum Sprach' und Sitte hab' ich noch erkannt! —
Das ist dein schlimmster Fluch, Zeit der Verbannung;
Fremd wird man, fremd — im eignen Vaterland!

XLVII.

Seit dich die müden Augen scheiden sahen,
Entschwanden mir zwei öde Jahre schon;
Ich fühl' das Ende meines Lebens nahen —
Du aber kommst noch immer nicht, mein Sohn!

Nicht daß ich sterben soll, macht, daß ich klage —
Ich wurde müd' und leg' mich freudig hin;
Nur daß des Daseins letzte, kurze Tage
Ich, von der Welt so ganz verlassen bin;

Ich der beim Unglück meines Volkes bebte,
Der jubelte bei seines Glückes Schein —
Ich, dessen Herz für Millionen lebte,
— O Hohn des Schicksals! — sterbe hier allein.

XLVIII.

In Fieberphantasie'n war ich entschlafen; —
Ich sah der Heimath mildbesonnten Raum,
Sah mich als Jüngling stürmen aus dem Hafen
Wie einst, geblendet von der Freiheit Traum. —

Da wacht' ich auf; — die glühendste der Sonnen
An fremdem Himmel stand sie sengend heiß;
Den siechen Leib trieb Fieberdurst zum Bronnen: —
Aus seiner Tiefe winkte mir ein Greis.

XLIX.

Mit letzter Kraft bin ich hinaufgestiegen;
Hier legt' ich dich, mein Weib, dereinst hinab —
Hier will auch ich, wenn ich gestorben, liegen —
Hier grab' ich selber heute mir mein Grab.

Nur wenig Stunden hab' ich noch zu leben,
Ich fühl's — dann geh' auch ich zur Ruhe ein;
Die Stirne brennt und meine Pulse beben,
Ein zehrend Fieber schleicht durch mein Gebein.

Horch! — ruft mich's schon mit Geisterlaut von hinnen? —
Welch neues Zerrbild steigt dort wild empor
Vor den phantastisch aufgeregten Sinnen? —
Horch, horch! — schon wieder traf der Ruf mein Ohr!

Doch diesmal klang es laut wie Menschenworte —
Dort aus dem Grunde hat's emporgeschallt! —
Wer nur verirrte sich nach diesem Orte? —
Kein Fuß betrat seit Jahren diesen Wald.

Und immer näher ruft's — schon hör' ich Schritte —
Mich dünkt, ich kenne dieser Stimme Ton! —
Nun stürzt es hastig aus des Waldes Mitte —
O Gott! — er ist's: — mein Sohn, mein einz'ger Sohn!

L.

So — komm und setz' dich an mein Lager wieder; —
Laß mir, mein Sohn, die lang entbehrte Hand —
Dein Auge blickt still leuchtend auf mich nieder:
Frei, sagst du, ward und stark das Vaterland?

Und mir auch, sprichst du, schlug der Freiheit Stunde?
Und folgen soll ich dir ins Heimathland? —
Mein Sohn! — wohl dank' ich Gott, daß er die Kunde,
Drauf ich ein Leben hoffte, noch gesandt; —

Wohl wird sich Deutschlands Zukunft reich erschließen! —
Das sei mein letztes, brünstiges Gebet; —
Du wirst noch lang der Freiheit Frucht genießen! —
Jedoch für mich kam dieser Tag zu spät!

Mein Auge wird die Heimath nicht mehr sehen;
Nur meine Asche leg' in deutsches Land; —
Mich aber laß in jene Heimath gehen,
Aus der kein Fürstenwort uns mehr verbannt.

In demselben Verlage erschien:

Aus tiefstem Herzen.

Gedichte

von

Ernst Scherenberg.

Zweite Auflage.

Miniatur-Format, eleg. geb. 1 Thlr., geh. 20 Sgr.

Druck von Trowitzsch und Sohn in Berlin.